百年香港分區圖賞

PICTORIAL GUIDE OF HONG KONG OVER A CENTURY

鄭寶鴻 編著

第10版《大英百科全書》收錄的香港地圖，1900年

資 料 來 源

《循環日報》1874-1889

《華字日報》1895-1941

《星島日報》1938-1965

《香港年鑑》華僑日報主編1948-1960

〈 Europe in China : the History of Hong Kong from the beginning to the year 1882 〉 by E.J. Eital, Hong Kong, Kelly & Walsh Ltd., 1895.

〈 Report of the Director of Public Works 〉 1880 - 1930 , Hong Kong

鳴 謝

何其銳先生

吳貴龍先生

呂偉忠先生

陳創楚先生

香港大學圖書館

代序

本人於地產界打滾數十年，經常到港九新界大街小巷考察，日子有功，對香港各處尚算有點概念。每當有客戶或同事問及各區狀況，大都能應付自如。但認識鄭兄後，方發現人外有人。鄭兄不但對各區街道分佈巨細無遺，甚至連這些街道的「前世今生」也可如數家珍娓娓道來。難怪電台及電視台總愛邀請鄭兄細説香城，講解有關地方掌故。

每次聽鄭兄繪聲繪影的分享，已覺得趣味盎然；在工作上，也能藉著鄭兄的知識向客戶介紹物業位置及典故，令客戶了解物業的過去和未來，為項目賦予生命；這不只是營銷，而是文化傳承。

鄭兄在《百年香港分區圖賞》中，記述香港各區開埠百年以來的演變，更與我們分享數百幅難得一見的珍罕相片，令舊事舊物重現眼前。讀者藉著此書，按圖索驥，穿梭古今，見證香港各區滄海桑田。

《百年香港分區圖賞》無論以收藏或實用角度出發，應能滿足讀者所想所求。

張炳強
英皇(國際)執行董事

在下任職金融業時，需長期兼顧外勤工作，因此，對港九多條與此業相關的街道，印象深刻。當中，有外商銀行雲集的皇后大道中與德輔道中、華人銀行銀號、金鋪和找換店林立的皇后大道、文咸東及西街、英皇道、筲箕灣東大街以至香港仔大道等。

至於九龍半島則由彌敦道起，以及加拿分道、上海街、荔枝角道、青山道、九龍城的太子道及衙前圍道、以至觀塘的輔仁街和物華街等，皆頗為熟悉。

此外，亦留意到若干間經營特殊行業的店舖，如染房、戲服顧繡莊、木餅模店、故衣店、汽燈及燈籠店、槍店以及出售鍍金首飾之「朱義盛」店等，分布於港九各區。

在進一步探討時，留意到港九各區皆有各自的特色，如香港仔和筲箕灣的漁港風情。中、西區和灣仔在繁華熱鬧之餘，亦保留大量原始風貌。五、六十年代，被稱為「小上海」的北角，使人有「新派」及「豪華」的感覺。

而半島的尖沙咀則被「歐風美雨」薰陶，油麻地至深水埗仍為傳統的華人居住區，部份街道現時仍保存五、六十年代的韻味。

啟德機場所在的九龍城，立即使人聯想到旅遊和現代化。可是，咫尺之遙，被稱為「三不管」的九龍寨城，卻是「黃賭毒」和「雞鴉狗」惡名遠播的淵藪，使人聞而生畏，但卻有一股入內尋幽搜秘，和探險獵奇的衝動。

當然，百多年來的港九，亦有不少名所舊蹟，足供遊覽者。

在下現以一些早期的報章、年鑑、檔案資料，輔以多張照片及圖像，草拙成此書，冀能與各位携手，進入時光隧道，就港九多個區域，作一懷舊漫遊。

本拙著亦獲經緯文化公司垂青出版，最感榮幸的是，再蒙熟知港九新界各區的地產界翹楚，張炳強先生賜序。又得到好友何其銳先生、吳貴龍先生、呂偉忠先生及陳創楚先生提供珍貴照片，使此書更添姿采，在此再次表示由衷的謝意。

鄭寶鴻 謹識
於二○一四年十二月
農曆冬至

第壹章
香港島

香港的名稱，是源於港島南區一「香港村」，或「香港仔村 heung kong tsai village」，所在為現時黃竹坑一帶。其比鄰為石排灣村（早期的英文名稱為 Aberdeen village）。

兩者之對面有一鴨脷洲島（早期又名「香港仔島 Aberdeen island」）。這一帶為著名的漁港。

1857年，名為林蒙及夏普的兩座船塢在香港仔成立，1867年被黃埔船塢所收購。船塢的地段於1970年代中發展為「香港仔中心」住宅群。

香港仔早期另一大企業為大成紙廠，擁有一座水塘。1928年，港府將水塘收回以興建香港仔水塘。

開埠初期，港府曾打算在黃竹坑一帶開闢市中心，但因氣候等因素，最後決定選擇中環。

1923年12月17日，港紳周壽臣獲港府批出，位於黃竹坑現壽臣山一帶約五十英畝的地段，與友好在該處興建中西式屋宇。

E 120 ABERDEEN VIEW

約1949年的香港仔及鴨脷洲。前中部是成都道，左方是香港仔大道。右前方的黃埔船塢，於1970年代中著
手改建為住宅屋邨「香港仔中心」。鴨脷洲前可見多艘海鮮艇。

約1930年的香港仔及鴨脷洲,正中可見深水灣。左方為黃埔船塢旁,成都道與湖南街交界的民居。

約1949年的香港仔,正中為香港仔大道,可見晨光茶樓及廬山酒樓。廬山稍後轉變為珊瑚酒家,其背後為香港仔舊大街。左方為成都道的鎮南酒樓,其前的海灣現為巴士總站。

約1962年，香港仔湖南街，太白海鮮舫的駁艇登船處。左方可見鴨脷洲明珠戲院的廣告牌。前方有一出殯行列。

約1948年的香港仔海面。鴨脷洲前可見多艘海鮮艇，左方的一艘是「漁利泰」。

二戰和平後，黃竹坑逐漸發展為港島的工業區，而建造商會亦著力發展。最矚目的是1957年落成的「維他奶」廠房，其隔鄰是以椰子糖和雪糕馳名的甄沾記。

香港仔與鴨脷洲之間一直只靠船艇聯繫。自鴨脷洲大橋於1980年2月落成通車後，兩者便連成一片。

1930年代，鴨脷洲前已有吸引港人的海鮮艇，戰後，逐漸演變為氣派華麗的海鮮舫。1950年代已成為吸引遊客的熱點。1976年初期名稱為「海洋水族館」的海洋公園落成後，這區更形熱鬧了。

HK 7　　　　ABERDEEN, HONG KONG　香港仔海面

薄扶林

POK FU LAM

1841年香港開埠後，當局便著手開築包括薄扶林道在內，由港島市中心通往香港仔、赤柱以至大潭的環島道路。

所經的薄扶林區，有一道著名的瀑布，即為香港舊八景中的「扶林飛瀑」。薄扶林水塘於1863年落成，而部分瀑布的水源，亦被截引至該水塘。

薄扶林，又名百步林、瀑布林及搏虎林。早期該區有數條小鄉村，若干座療養院亦設於這一帶，還有不少薑花及咖啡豆的種植場。

1862年，德忌利士船公司的東主Mr. Lipraid，在此建成一座別墅府邸Douglas Castle 道格拉斯堡，亦有不少富商在此築建別業，栽植花卉，當中還有一座沙遜洋行的牧場。

1880年代，文遜爵士Sir Patrick Manson在薄扶林開設一座「牛奶冰廠公司」的牧牛場，其辦公樓設於現中華廚藝學院一帶。部分牛場和附近之地段，於1970年代後期，發展為「置富花園」住宅屋邨。

約1960年的黃竹坑。可見以椰子糖及雪糕馳名之甄沾記的工廠（左），以及維他奶的香港荳品公司廠房（右）。其
前方為剛由香島道易名的黃竹坑道。這一帶的海面稍後填海發展為工業及廉租屋區。

薄扶林雞籠灣，1874年甲戌風災死難者的紀念亭，背後為墓葬地。左下方「東華醫院拜桌」後有「遭風義塚」和「澤及枯骨」的紀念碑。約攝於1900年（雞籠灣墳場於1947年起封閉）。

1897年，為紀念維多利亞女皇登位六十周年，港府開闢了一條由堅尼地城至雞籠灣一帶的域多利道。

1921年通車，由「香港仔街坊汽車公司」經營，往來西營盤鹹魚欄至香港仔的巴士路線，是經過薄扶林道者。當中的停車站包括有心光盲人院、伯大尼修院、牛奶公司及華人永遠墳場等。而薄扶林區最宏偉的建築為落成於1937年的瑪麗醫院。

影響薄扶林區最深遠的是港島最龐大的廉租屋邨，華富邨於1968年落成，可容納五萬三千多居民，這區隨即成為熱鬧的住宅區。

建成於1875年的伯大尼修院，約攝於1930年。

由薄扶林村望薄扶林道，1985年。圖中始建於1886年牛奶公
司牧場的屋宇，現時為「薄扶林技能訓練中心綜合大樓」。

（陳創楚先生提供）

第壹章 香港島

淺水灣
REPULSE BAY

1915年，由香港仔經深水灣、淺水灣而至赤柱的道路，當中包括香島道、淺水灣道以及赤柱峽道等，闊二十英尺的道路闢建完成。

到了1919年，再闢成由淺水灣至大潭篤，以及由大潭峽至筲箕灣的行車馬路。

早期的淺水灣又名大浪灣，香港舊八景中「浪灣海浴」就是指淺水灣。開業於1920年的淺水灣酒店，早期亦曾被稱為「大浪灣酒店」。

由灣仔前往淺水灣的司徒拔道、黃泥涌峽道與淺水灣道於1921年闢成後，香港大酒店屬下的汽車公司，隨即開辦一條由中環至淺水灣的巴士路，一直經營至1941年。

1920年代，淺水灣海灘已有草木搭成的泳屋，到了1935年，「香港置業信託公司」興建設有泳棚、浴室、更衣室的「海國游泳場」，還有遊樂場、舞池及餐飲等設施。和平後易名為麗都。

設有簡陋竹木泳棚的淺水灣海灘，約1925年。左方為淺水灣酒店。

1930年代，富商余東璇在灣畔興建一座古堡式的別墅，於1990年代中改建為「御苑」。

1960年代後期，香港拯溺總會在麗都的比鄰建成一座美輪美奐的會所，附有兩座巨大的天后和觀音神像，加上其他富中國特色的亭台、小橋和燈飾，旋即成為熱鬧之旅遊景點。

1986年，古典的淺水灣酒店被拆卸，改建為高尚住宅「影灣園」，但在前方重建一座與原酒店外形相同的飲食場所。

赤柱位於港島的極南端，雖無「南角」之名，卻有南角之實。初昇之太陽，將該一帶之山峰、岩石及草木照得通紅而得「赤柱」之名。

開埠初期的1850年代，赤柱連同鄰近之黃麻角，已有五千居民，因而被視為大都市。其地形很像一長靴，所以赤柱又被稱為「香港之靴」。

早期，赤柱有不少飼養禽畜之農戶，當中包括一百多養豬戶。1955年12月，政府通告禁止在市區養豬，包括赤柱在內。當年，政府曾在赤柱村一帶設置徙置區，從此赤柱遂演變為現代化的墟鎮。

1969年9月24日，設於赤柱的香港首座衛星地面通訊站，由港督主持啟用禮。

1970年代，墟鎮的市集，吸引了大量前來購物的遊客，成為熱門的旅遊點。

21世紀，原位於花園道的美利樓，以及干諾道中與畢打街交界的第一代卜公碼頭，皆在赤柱重置，足以引起年長港人的「思古之幽情」，誠屬佳事。

約1950年的赤柱。中右方為現赤柱市場一帶，左中部現為屋邨龍德苑、赤柱廣場及美利樓所在。

約1960年的赤柱正灘。左方為東頭灣的監獄。

赤柱大街，1974年。左方為醴香酒房，這面海的大街現時食肆林立，吸引了大量中外遊客。

1974年赤柱新街的景致。當時已有服務外籍人士的店舖和攤檔。

二次大戰前,位於港島東南方的石澳,被形容為世外桃源。當時治安良好,家不閉戶,左鄰右里儼如一家人。

早期已有不少人前往石澳游泳,當時須乘電車至筲箕灣,然後徒步前往。泳後,乘渡輪返中環,十分費時失事。到了1951年才有由筲箕灣至石澳的巴士路線。

1950年代,不少別墅在石澳興建。

自巴士路線開通後,水清沙幼的石澳,吸引了大量的弄潮兒。

約1952年的石澳海灘,因巴士線已開通,所以有不少弄潮泳客。

26

約1960年的石澳海灘，右方的島嶼是五分洲。

大潭水塘，約1925年。

第壹章
香港島

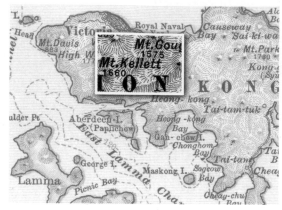

山頂及半山
THE PARK

土名「香爐峰」的太平山，俗稱扯旗山。在1870年前，電報尚未在香港通行時，山頂置有一座扯旗架，每當船隻出入港海時，山頂之瞭望人員，即會在架上升起船隻國家或所屬公司之旗幟，以便相關人士遠觀而得知訊息。由於港島早期無戰亂，此山峰又被名為太平山。

環繞太平山頂的盧吉道，有一段興建於1913至1914年間的橋樑棧道，在此，可以鳥瞰維港兩岸以至新界的景色。

因交通不便，早期的山頂區只有住戶三、四十家，登山火車（纜車）於1888年通行後，山頂迅即成為外籍人士的高尚住宅區。

1904年，港府規定除歐美人士外，其他包括華人在內之各國人，不能居於港島所有高過水面780英尺山坡上之界限。除太平山外，還包括金馬倫山、歌

賦山及奇列山等，此苛例要到
二戰和平後的1947年才被廢除。

1955年4月，當局在山頂，於日
治時代興建纜車站旁的「思雲
亭」處，改建成一座被稱為「老
襯亭」的瞭望亭，再經過1970
及1990年代的兩度改建，現時
已成為一座現代化的宏偉觀景
樓台。

具園林風味之山頂餐廳：約1963年。

約1927年的香港。正中是太平山頂，右下方是薄扶林、大口環及摩星嶺一帶。由中前方起是堅尼地城、西
營盤、上環及中環。左上方可見灣仔及北角之一大一小幅的新填土地。

Victoria Hospital, Women's and Children's hospital in the Peak

坐落於山頂白加道，為紀念維多利亞女皇登位鑽禧而興建，落成於1903年的維多利亞婦孺醫院，約攝於1905年。醫院因瑪麗醫院的落成而於1937年停辦，現時為政務司司長官邸。

開埠不久，不少外籍富商已在半山區的羅便臣道及堅道等處興建別墅式住宅，到了1950年代才陸續改建為高樓大廈。

此外，還有不少豪宅興建於山頂道（現舊山頂道）兩旁，包括「皇后花園」的山段。這區現時亦為現代化的豪宅區。

半山區最引人注目的是落成於1855年現為禮賓府的港督府，以及其背後的香港動植物公園。在這一帶旁邊位於雅賓利道的雅賓利宿舍（現雅賓利大廈所在），當局曾計劃在此興建新大會堂。

歷史建築會督府所處之地段，早期的名稱是以船政官及海事裁判司，威廉畢打命名的畢打山。而位於此的另一著名建築物，是落成於1892年的牛奶公司冰廠。

幽靜而狹窄的花園道，約1918年。左方為落成於1916年的梅夫人婦女會，右方位於26號的地段，於1955年興建美國領事館。

半山區的麥當奴道（中）及堅尼地道（右），約1920年。可見多座西式住宅屋宇。

32

約1971年的花園道。左方及正中是落成不久的美利大廈及第三代纜車總站，右方的停車場現時為長江公園。

33

下亞厘畢道與雪廠街交界，早期名為「畢打山」的地段，約1928年。左方的高台上有落成於1848年的會督府，及創辦於1851年的聖保羅書院。圖片的中左方為落成於1892年的牛奶公司，所在現為藝穗會及外國記者俱樂部。

位於衛城道與堅道間，落成於1914年的古典大宅「甘棠第」，1986年。這座曾作教會的府第現時為孫中山
紀念館。(陳創楚先生提供)

中上環
THE PARK

畢打山以西的地段建有域多利監獄和中央警署。而位於兩者之間，雲咸街47號的樓宇，曾於1885年用作女子監獄。

20世紀初這一帶連同附近的蘭桂坊，及德己立街上端，為華人的住宅區，著名的化妝品公司廣生行，於1905年在蘭桂坊創設港行。由1950年代起，開有不少抽紗商行，可是當時不少店舖亦作住宅用途。

雲咸街則有不少印度商行和餐廳，被稱為「印度」或「差行」街。

約1980年，蘭桂坊及附近之和安里「全盤西化」後，雲咸街以至西連的荷李活道及士丹頓街等，亦漸演變為SOHO區。

19世紀後期，由卑利街至鴨巴甸街之一段荷李活道，為倫敦傳道會及雅麗氏醫院所在。到了20世紀初，該處大部分仍為中式民居，直至1950年

位於遮打道與美利道交界，剛落成的太古洋行大樓，約1897年。右方可見碇泊於海軍船塢海面的「添馬號」軍艦。這座大樓於1960年代初，連同左鄰的東方行被拆卸，於1970年代初建成富麗華酒店，現時為友邦大廈。

代，包括藝美、中國、五桂堂、百科、世界、民生等多間書局在此開設。

除書局外，這區的卑利街、美輪街及善慶街一帶，有不少代寫書信檔，以及代寫招牌大字者。此外，亦有一間位於與卑利街交界的友生昌筆墨店。

還有多間如天喜堂、振隆米舖、王慶豐瓷莊等老店，現時仍可看見「公利竹蔗水店」。

經過皇后大道中與德輔道中交界的二輛東西行電車，約1930年。左方的木球會，現時為遮打花園，正中的
美利操場所在現為長江中心。

The
Hongkong
& Shanghai
Bank,
Hongkong

Sold by Graça & Co., Hongkong, China

位於皇后大道中1號，1886年改建落成第二代匯豐銀行的正門。此古典建築到了1932年才被拆卸。此圖攝於約1905年。

由畢打街東望德輔道中，約1918年。左方屈臣氏藥房所在是落成於1903年的亞力山打行（第一代歷山大廈），右方是落成於1890年代初的第二代香港大酒店。正中為廣東銀行，其背後可見匯豐銀行的圓屋頂。

965

H.K. FROM THE HARBOUR

約1935年歲末的中環銀行區。正中為同年10月10日落成的第三代匯豐總行。由左起的建築依次為東方行、
電訊大樓、香港會所、高等法院、太子行、皇后行、聖佐治行、皇帝行及萬順酒店。

42

由干諾道中望皇后像廣場，約1948年。當時的廣場仍用作停車場，左方一列木屋供多個政府部門辦公。淪陷時曾作「香港佔領地總督部」的第三代匯豐總行巍峨矗立。

由銀行街西望德輔道中，約1964年。右方皇后像廣場旁的太子行已被拆平正待重建。由左起依次為匯豐、渣打及廣東銀行。電車後的國民行正在拆卸以建新顯利大廈。其西鄰是東亞銀行及皇室行。

德輔道中與畢打街及遮打道交界，約1932年。正中為
第一代歷山大廈，其背後的是由英皇酒店變身的中天行
及思豪酒店，右方是廣東銀行。東行電車的前方有一豎
於馬路中心的時鐘。

正進行填海的中環，約1964年。正中仍見卜公碼頭，右上方亦可見統一碼頭西邊的填海工程。（吳貴龍先生提供）

金鐘及中環區鳥瞰，約1968年。前方的地段現為美利
道停車場及和記大廈所在，再過是香港木球會、高等
法院、太子行及文華酒店。右中部的停車場地段後來
建成康樂（怡和）大廈、新郵政總局及交易廣場。

被用作停車場地的中區新填地,約1969年。正中是現時的民耀街,右下方是郵政總局的包裹部,其前方是第二代卜公碼頭。左方可見油蔴地小輪碼頭及政府碼頭。海面上可見一至三代的載客汽車渡海小輪及雙層汽車渡輪。

英國人於1841年1月26日佔領香港島,隨即在一沿海小徑兩旁,移山填海,新海旁道名為海旁中,後來易名為寶靈海旁中。到了1890年代中,再易名為德輔道中。

1841年6月14日,香港舉行首次土地拍賣,多幅位於新填地段的土地賣出,新建築物陸續落成。較顯著的有建成於1842年的中環街市、其東鄰開業於1859年的渣打銀行、現戲院里兩旁的連卡佛公司及渣甸(怡和)行、現置地廣場所在的顛地DENT洋行、匯豐銀行前身的域厘行WARDLEY HOUSE等。此外,還有其東鄰落成於1869年的第一代會堂。

1889年開始的中西區大規模填海,中環的新填地段,是由海旁中至干諾道中,當中新闢一遮打道。為慶祝維多利亞女皇登位六十周年鑽禧,當局於新地段上闢建一皇后像廣場,於1896年落成。

由干諾道中卜公碼頭前向西望，約1960年。可見數名穿著「唐裝衫褲」的婦女。左方的樓宇依次為畢打街交界的郵政總局、鐵行大廈、大昌大廈及馮氏大廈。

約1968年的中環統一碼頭，可見載車客以及雙層汽車渡輪各一艘。背後的消防局大廈於1985年被拆卸，稍後興建恆生銀行總行。

1963年的中環。左方即將落成的文華酒店前，以及右方的海面，再度進行填海。消防局的左方為1962年尾落成，當時最高的恆生銀行大廈，現時為盈置大廈。

同於1889年創立的置地公司，在廣場一帶興建多座新型辦公大樓，包括亞力山打行、太子行、皇后行、皇帝行、沃行、聖佐治行及東方行等，奠定了這裡之銀行區及商業中心的地位。

部分地段為匯豐所有的皇后像廣場，於和平後大部分時間被用作停車場，於1964年重建為現時所見者。1966年5月27日落成，由港督戴麟趾行揭幕禮。

1973年的干諾道中。正中為即將落成，當時為全亞洲最高的康樂（怡和）大廈。左方為剛落成的富麗華酒店，其東鄰的地盤正在興建和記大廈。

由統一碼頭道望中環，1982年。左方怡和大廈前的「新地王」即將興建「交易廣場」。正中為剛落成的行人天橋，這一帶現為中環機鐵站及四季酒店所在。（何其銳先生提供）

約1960年由皇后像廣場西望遮打道，左方有旗幟的是太子行，正中是怡和大廈。右方的皇后行於1963年改建為文華酒店，其左是聖佐治行，最高的是將落成的於仁大廈。

由德忌利士街東望德輔道中，1953年。電車左方的安樂園餐室現為安樂園大廈，其對面位於24號的中國國
貨公司，所在現為創興銀行。

1953年6月女皇加冕慶祝期間，由砵典乍街東望德輔道中。左方為著名的亞洲辦館，正中為「大鐘樓」的告羅士打行。右方利源西街口的萬興煙行，於1960年代改建為裕昌大廈。

德輔道中與砵典乍街交界,落成於1957年的第一代萬宜大廈,攝於1993年。右方廣安銀行的舖位,曾為著名的蘭香室茶餐廳。

19世紀的皇后大道中,中軸點為落成於1862年的畢打街鐘塔,在鐘塔周圍,為高等法院、郵政總局、庫務署,以及現娛樂行所在的第一代香港會所,附近亦有多間銀行和商行及各行各業的店舖。1891年之前,股票的交易「市場」亦位於鐘塔周遭的街頭,經紀們聚在一起進行交易,毫無制度可言,不時惹起糾紛。

郵政局及高等法院由1911年起他遷後舊址拆卸,地盤於1924年建成第一代華人行,內有醫務所、寫字樓及中西食肆,包

括大華飯店及美利權餐廳等。1969年，遠東交易所亦在這樓宇創設。

其前面的舊香港會所現為娛樂行，西端31號的位置，前身為皇后戲院。

皇后戲院對面有一「香港大藥房」，於1920年代為安樂園飲冰室，1950年代後期，改建為第一代興瑋大廈。

中環街市以西，有一座余仁生藥行，其兩旁是工業原料店集中的興隆街及同文街，所在現為「中環中心」。

由租庇利街東望德輔道中，約1953年。右方為中環街市，左方的消防局現為恆生銀行。小館的敘香園後來演變為大酒樓，樓上為名中醫勞英群的診所。

由利源西街東望皇后大道中，約1880年。正中為畢打街鐘塔，右方煤氣燈前的屋宇後來為新遊客酒店。

位於同文街西鄰，是現時被稱為「花布街」，或「大姑（意指女士）街」的永安街，是這一帶十多條的「私家街」之一。在1900年之前，永安街全是舊式打鐵作坊，以及經營船上用品及麻纜、鐵鏈的店舖。當時途經此街，只能耳聞打鐵聲，及眼見火爐和火屑。後來，不少中山隆都人陸續在此租買店舖開業經營布匹生意。

和平後，已幾全為綢緞、絨料及布匹店，可用「衣香鬢影」來形容。

最早期之布匹買賣，只是附設於蘇杭街一帶的綢緞絲髮店。只有少數布疋店開設於接近荷李活道的一段泥街（依利近街）而已。

中環街市以西為華人商貿區，各街道上有大量中式店舖和食肆。這一帶之地標建築為位於與威靈頓街交界，落成於1857年，附設水車館（消防局）的「五號差館」。

Queen's Road.

由雲咸街東望皇后大道中,約1925年。右方的亞細亞行及加任亞厘行所在,現為中匯大廈。左方與畢打街交界香港大酒店(現中建大廈所在)的地舖,為連卡佛公司。

1935年的中環,正中有圓屋頂的是娛樂戲院,其前方是華人行。華人行的左方是皇后戲院,其前方的高樓是鐵行大廈。右中部有尖塔頂者是同年落成的東亞銀行大廈。

由利源西街東望皇后大道中，約1913年。左方有鐘錶、呂宋煙（雪茄）店和鴉片「公煙」館。右方位於70號的新遊客酒店，於1932年改建為中華百貨公司，所在現為連卡佛大廈。

同一地點，約1930年。左方為利源西街，其前方為著名的裕盛印務及藤器店恆祥盛。

由利源東街西望皇后大道中，約1950年。左方的中華百貨公司及西鄰的兩間珠寶金行，於1970年代末改建為連卡佛大廈。

約1988年的中環。交易廣場前為海濱公園。左方可見興建中的中銀大廈。（何其銳先生提供）

由干諾道中望域多利皇后街，1981年。右方的消防局大廈內有「華民」（民政司署）及工商署。正中可見中環街市及大華國貨公司。（何其銳先生提供）

由剛拆卸的消防局大廈地盤望中央市場（1990年代正名為中環街市），1986年。地盤於1990年代初建成恆生銀行。（陳創楚先生提供）

由擺花街下望閣麟街，約1925年。正中可見紙料紮作店——金玉樓的布招。

由德輔道中南望機利文街，1981年。右方的大牌檔為以雲吞麵馳名的「奀記」。（何其銳先生提供）

由皇后大道中上望鴨巴甸街，約1935年。後方可見一品陞、均益及北平等酒樓的招牌。一品陞的所在現時為蓮香樓。

差館以西則為上環、半山之太平山區華人聚居地，大部分街道亦由填海而獲致，以文咸街、永樂街及德輔道等為主的街道上，有不少華商企業，當中包括金融、米業、參茸藥材及海味等，尤以被稱為「南北行」，位於文咸西街的店舖規模最大。

中西區填海於20世紀初完成後，包括天星、卜公、鐵行及德忌利士等多座碼頭，在新海旁的干諾道旁落成，但以一座位於南北行區的永樂街碼頭為華人所熟知。因其坐落於干諾道西的轉彎角點，故被稱為「三角碼頭」，連帶附近的地段亦被名為「三角碼頭區」。

約1982年，由永吉街望皇后大道中。左方為剛遷至襟江酒家原址的第二代蓮香樓，其右鄰是老牌的嘗新酒家（前身為亦以雲吞麵著名的福祿園）。右方位於172號益群藥房的樓宇，曾為1900年開業的先施百貨公司。（何其銳先生提供）

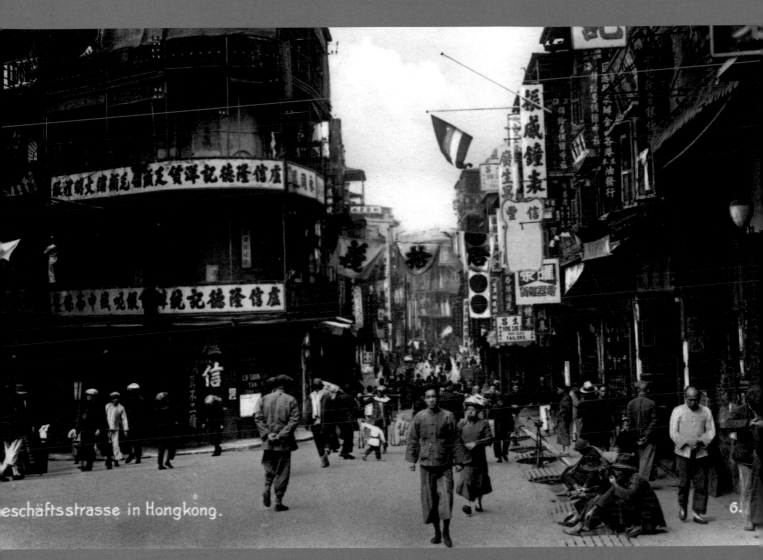

eschäftsstrasse in Hongkong.

由皇后大道中望文咸東街,約1920年,左方為乍畏街(約1980年正名為蘇杭街)。文咸東街為華人的金融貿易區,可見多間包括「唐拾義藥廠」的店舖,其上端有一面五色國旗。

上環皇后大道中254號的一間珠寶鐘錶行，約1938年。左方是被稱為「百步梯」的歌賦街，豆腐小販的右方，是開業於約1910年之文房四寶名店「集大莊」。這一帶現時是屋苑「荷李活華庭」。

上環「竹樹坡」（正式街名為「弓絃巷」）26至29號的一列唐樓，1976年。樓宇背向荷李活道。這組樓宇連同大半截弓絃巷的地段，現已被併建成「荷李活華庭」。

由皇后大道中下望禧利街,約1970年。左方香
煙廣告牌旁是「國民海鮮酒家」。中左方可見
位於文咸東街與永樂街之間的熟食大牌檔。

約1940年由摩利臣街東望永樂東街。這
一帶有不少糧油店和酒莊。1933年,恆
生銀號(銀行)在左邊的70號舖位開業。

71

由皇后大道中上望樓梯街，約1965年。右上方有吊燈簷篷處是江蘇酒家的側門，其上端是裱畫店榮寶齋。這一帶有不少雜架舊物和音響唱片攤檔。

由上環西街東望皇后大道中，1977年。左下方汽車的背後是摩利臣街，燕窩行的樓宇於1932年前是老牌酒家杏花樓。

一幢位於荷李活道與差館上街交界的百年舊樓，攝於1981年。這幢衛生條件欠佳的樓宇，於1890年代疫症期間，可免予拆卸而倖存。（何其銳先生提供）

73

由中環機利文街東望干諾道中，約1930
年。這一帶有多座內河船碼頭，因而有不
少華人旅店。左方為「中國」及「泰昌隆」
旅店。

約1980年的上環街市（西港城）。泊車地
段即將興建信德中心，因此，原設於此的
「平民夜總會」之賣物及熟食攤檔，被安置
於右方的填海地段。（何其銳先生提供）

經過「鹹魚欄」之德輔道西，接近修打蘭街的出殯行列，1951年。可見多間海味店，正中為位於58號的萬利銀號。

位於西營盤醫院道，重建於1870年代的國家（政府）醫院，約1915年。前方之部分於1930年代後期改闢為英皇佐治五世公園。

76

皇后大道西雀仔橋，1989年。「橋」是供市民前往右方唐樓背後國家醫院的通道，橋底有一建於1911年的
公廁，以便輪候診症者。

WEST DISTRIC

英軍登陸香港島後,便在西角(西營盤至西環的區域)及海軍灣(現石塘咀電車站一帶),築建軍事設施和軍需廠,又在面向硫磺海峽之卑路乍灣山坡上,興建卑路乍炮台(所在現為「寶翠園」屋苑)。

西營盤的名稱源於英國軍營,軍營他遷後,這裡為華人的居住區,中心點為正街及周遭的多條街道。著名的地標為約1870年落成的高陞戲院,以及其斜對面的「雀仔橋」及其上方的國家醫院。

1870年代,堅尼地港督的任內,西環卑路乍灣開始填海,新土地名為堅尼地城。除民居外,亦開設有若干間工廠及船廠。

膾炙人口的塘西風月娼院區,於1903年起在石塘咀區設立,漸變為紙醉金迷、城開不夜的煙花之地,要到1935年禁娼令下之後,才告「風流雲散」。但部分「配套」的酒樓,如金陵、廣州

西營盤干諾道西海旁，約1958年。後方為威利麻街口的往深水埗小輪碼頭。正見行走於狹長跳板的搬運工人，以及在「水退」海面「摸蜆」的市民。

等，一直營業至1960至1970年代才結業。而另一地標，開業於1904年的太平戲院，亦經營至約1980年。

西區有不少具特色的街道，如一條由水坑口街延伸至皇后大道西的發興街，內有多間綢緞莊、縫紉工具及用品店、朱義盛首飾舖和木家具雕刻店等。

其對出的皇后街（1950年代之前的名稱為「和興西街」）則有若干間佛具和潮州食品用品店。早期盂蘭勝會的祭壇，亦設於此街與干諾道西之間。

1985年攝，正中位於皇后大道西414號之舊樓，地舖為龍如茶室。（陳創楚先生提供）

約1915年的西營盤干諾道西。左方的九龍倉現為高樂花園。中左部白塔形的聖彼得教堂及右鄰的海員之家，於1955年改建為新七號差館。其前方是均益及招商局貨倉。正中位於水街口的亦為均益貨倉（現均益大廈）。

HONGKONG FROM WEST POINT

由薄扶林道西望皇后大道西，約1935年。右中部為朝光街，正中為水街。中上方被稱為「龜背」的山崗有
一開業於1904年的太平戲院。

1934年5月14日，石塘咀皇后大道西煤氣鼓爆炸，加倫台及晉成街一帶的屋宇數十座被焚毀。圖為由山道望向皇后大道西的灌救情景。

位於西環爹核士街（左），與卑路乍街交界的
陳李濟藥廠，1986年。（陳創楚先生提供）

高陞戲院兩旁的和風街及甘雨街，1950年
代大部分為藥材店，在甘雨街與皇后大道西
之間，有一野葛菜水檔，不少人慕名前往光
顧。這一段皇后大道西，於1950至1960年
代，有二、三十間出售「斷當」（過期不贖）
的故衣及首飾店舖，現時還有一間「合德故衣
舖」。

合德旁修打蘭街對面，還有一間百年老店「梁
永盛香莊」。

西營盤亦開有不少金舖，以方便「找」（購
買）金飾的水上居民，當中一間老店為「珠
記」，現時仍有一間「何寶祥金舖」在經營。

早期的東區是指「維多利亞城」內，即由灣仔至銅鑼灣一帶的下環，迄至柴灣一帶。根據一幅約1890年之地圖所描繪，下環的起點是花園道。現時的金鐘道，在約1970年之前，路名亦為皇后大道東。

在20世紀初的1903至1904年間，報章上已有「第五環」之名稱。而政府通告中亦有提及「第十約」，相信這是指維多利亞城之「四環九約」以外，由天后區至筲箕灣一帶之地段。

下環起點處現金鐘道的兩旁，於1840年代起用作軍事地帶，設有美利、域多利及威靈頓軍營，以及一座海軍船塢，到了1959年，才交還予港府作市區發展。這一帶有一座現已移置於赤柱的美利樓，1960年代用作「差餉物業估價署」。1963年5月4日鬧鬼，於5月19日，由佛教聯會舉行超度附薦法會後，事件才告平息。

由寶雲道望金鐘區的軍事地段，約1925年。前方為美利及域多利軍營（現香港公園及太古廣場一帶），正中的海軍船塢內泊有潛艇。右方為威靈頓軍營（現夏慤花園一帶）及軍器廠。

軍器廠以東的灣仔地段，早期為外國人的居住區，住者以日本人為多。1921年開展的灣仔填海於1930年完成後，過千座整齊劃一的三合土唐樓落成，吸引了不少華人遷往，成為新住宅區。

早期灣仔的主要馬路為皇后大道東，到了1930年代則為軒尼詩道及莊士敦道。當時東區的市肺為修頓球場，1950年代，才被亦在填海土地上闢建之維多利亞公園所取代。

由美利道東望原金鐘軍營區，約1963年。軍營於1959年由港府接管改為民用。正中為於軍營及船塢地段前填海而築成的夏慤道。左方為添馬艦海軍基地，中後方為軍器廠街的警察總部。

灣仔著名的山段是,早期為海員醫院及海軍醫院,現為律敦治醫院所在的醫院山,以及東鄰的摩理臣山,後者是因1921年的填海而被夷平。

鄰近的黃泥涌谷,於開埠初期當局曾打算將該一帶打造為市中心,但因衛生等因素,而於最後選取中環,黃泥涌谷則發展為跑馬地。

由告士打道望盧押道,約1933年。一列多間新落成,形式規格劃一之「石屎」(三合土)樓宇中,有不少日本店舖,亦有一間「東韓學校」。正中可見莊士敦道「和昌大押」所在的數幢樓宇。

87

落成於1933年的六國飯店（酒店），攝於1986年即將拆卸重建前。六國飯店於戰前為灣仔最宏偉的建築物。左方之華比銀行在改建前為麗的呼聲大廈，現時為富通大廈。（何其銳先生提供）

落成於1930年代，以港督貝璐夫人命名位於莊士敦道與柯布連道交界，修頓球場旁的貝夫人健康院，約1965年。這一帶現時為修頓體育館。

從寶雲道望灣仔，約1925年。中前方位於堅尼地道的大宅現時為住宅「珀苑」及「竹林苑」，右下方為石水渠街一帶。正中為正進行填海的新海旁。

由柯布連道東望莊士敦道，約1956年。龍鳳茶樓於兩三年後轉名為「龍門」，左方的大成酒家現時為「譚魚頭酒樓」所在。電車背後之「二號差館」舊建築，於1960年改建成中匯大廈。

由寶雲道望石水渠街一帶，約1923年。正中可見現仍存在的「藍屋」，以及尚為明渠的石水渠，水渠左方的東約診所及更樓，所在現為聖雅各福群會。中後方可見醫院山的海員及海軍醫院。

109　　　　　　　　　　　Chinese Temple, Hongkong.

位於隆安街與石水渠街交界，落成於1865年的北帝古廟，約1918年，內有一原置於九龍城曾富花園的真武大帝銅像。右旁的公所於1950年代起為聖雅各福群會前身的兒童院。右下方可見石水渠。

由堅尼地道西望峽道，又名「灣仔峽道」（1949年併入皇后大道東），約1933年。左方是英國循道教堂，樹後是堅彌地街。右方是醫院山，正中與灣仔道交界的是落成於1858年的第一代灣仔街市，所在現為最新的灣仔街市及住宅屋苑「尚翹峰」。

約1936年的灣仔區，中前方是峽道及堅尼地道。其旁醫院山的左鄰是位於交加里的煤氣鼓。正中可見大部分已被夷平的摩理臣山。左中部的避風塘現時是維多利亞公園。

跑馬地以東迄至銅鑼灣東角一帶之地段，幾全為怡和洋行所有。於1923年該公司出售前名為渣甸山的利園山最為矚目，而於1950年代出售位於東角，由軒尼詩道至告士打道間的貨倉群，被重建為百德新街一帶的住宅屋宇，而這一帶現時已成為繁盛購物消閒區。加上紅隧與會展中心的落成，灣仔區迅即成為足以可與中環分庭抗禮的重鎮。

大坑區的地標是落成於1936年，數十年來為遊客重點的虎豹別墅，可是其鄰近的天

約1925年的跑馬地。右方是馬會第一代看台。正中兩棵樹之間原愉園遊樂場的屋宇,已改作養和醫院。左方一列樓宇的背後是黃泥涌村,於1930年被清拆。

后山、炮台山以至北角一帶的山頭皆遍布密麻麻的木屋,要到1970年代才完全消失。

天后至筲箕灣早期的主要道路是沿海的電氣道及英皇道(迄至1930年代中,名稱為筲箕灣道),其對出的海灘為港島的主要游泳區,被稱為「七姊妹泳灘」。這一帶的著名場所是開業於1940年的麗池游泳場。

95

AL FRESCO RESTAURANT
RACE COURSE HONGKONG

約1915年跑馬場旁熟食攤檔的男女食客。1918年的馬場大火便由此等食檔引致。

天后區早期亦為工業區，廣生行及安樂園
等機構的廠房亦設於此。1924年，民新電
影製片公司亦在天后廟旁，現銀幕街一帶
設廠攝製電影。

早於1880年代，太古洋行已在當時被形
容為「人跡罕至」的鰂魚涌區，創設糖廠
及漆廠等。

1907年，又在東鄰的鰂魚涌角，建成一
龐大的船塢。這地區現時已蛻變為熱鬧繁
華的太古坊、住宅屋苑的太古城及康怡花
園等。

由於交通不便，早期的筲箕灣被稱為
「餓人灣」，其實是一「自給自足」的漁
港，對外往來主要靠渡輪。1904年電車
通車，以及太古船塢落成後，該區日漸繁
盛。

至於筲箕灣以東，早期名為「西灣」的柴
灣，要到1950年代初，政府才著手在該
處的平安村及興華村，闢建徙置屋宇以安
置大坑、天后等山頭的木寮屋居民。稍
後，再在當地進行大規模填海，將柴灣打
造成新興的住宅及工業區。

約1950年的跑馬地。左方馬場鐘塔前
是原愉園所在的養和醫院。中左方為
尚未全被夷平的摩理臣山。右上部之
禮頓山上已建成公務員宿舍。

約1950年的跑馬地，設有鐘塔的看台是落成於1930年者。於1955年夏季改建為現時的建築。左上方仍見部分殘餘的摩理臣山，正中為摩理臣山道及堅拿道。

約1930年的銅鑼灣東角及跑馬地。左方的避風塘,於1951年填海後闢成維多利亞公園。前中部的卜內門及渣甸倉現為告士打道之柏寧酒店、東寧及維德等大廈所在。止中有四座屋宇的是禮頓山,其前方為尚未夷平的利園山。跑馬地可見剛落成,設有鐘塔的新看台。左中部為正在拆平的黃泥涌村。

灣仔新填地，1971年。前方菲林明道旁的華國酒店所在現為教會，背後是灣仔警署。由前方起之地段後來依次建成中灣廣場、香港展覽中心、華潤大廈、灣景中心及新鴻基中心。中上方為興建中的紅隧之出入口及中環道路網，其右上方為將落成的怡東酒店。

1972年剛通車時的紅隧灣仔出入口。前
方是奇力島的香港遊艇會，堅拿道的左方
是英美煙草公司廠房，於1977年改建成
伊利莎伯大廈。

位於希慎道與恩平道之間剛落成的利園酒店，1970年，此氣派一流的
酒店於1990年代改建為利園中心。右方的屋宇所在現為嘉蘭中心。

由堅拿道望電車廠,約1985年。左方是羅素街,正中為禮頓中心,其左邊的大廈是「希慎道一號」。

瞰銅鑼灣羅素街市集和電車廠,約1977年。頻密的電車是經過此市集而駛入電車廠者,一如現時的春秧街。1989年電車廠遷往石塘咀,原址興建時代廣場,而羅素街則蛻變為租值最貴的購物大道。

約1958年的銅鑼灣迴旋處。正中是位於怡和街,落成於1954年的豪華戲院,現時是百利保廣場。左方與伊榮街交界的樓宇現時是富豪酒店。右方是落成於1949年的樂聲戲院。

位於東區半山司徒拔道,落成於1930年代中國式大宅之景賢里,攝於1951年。

由北角半山望大坑及銅鑼灣區，約1964年。前方是虎豹別墅的虎塔及真光學校。正中的地段是現偉景大廈
及宏豐台所在。

由怡和街東望避風塘及天后區，約1935年。右方為尚行單路軌電車的高士威道，正中為天后廟山。

Kruse & Co., Hongkong,

Greetings from Hongkong

興建於開埠前，位於銅鑼灣的天后古廟，約攝於1890年。因內置一紅香爐，所以銅鑼灣區早期又被名為紅香爐或銅香爐。

106

約1973年的銅鑼灣避風塘。右方是維園道，正中是屈臣道的屈臣氏大廈，後來易名為海景大廈。其左後方的發電廠於1980年改建為「城市花園」住宅群。

North Point, Hongkong.

約1915年的七姊妹泳灘，所在現約為渣華道一帶。右方高台道路為筲箕灣道，於1930年代重整後易名為英皇道，正中是太古糖廠及船塢（現太古坊及太古城）。其右方之康山頂上為該公司職員之宿舍。

位於渣華道、糖水道與電照街之間，落成於1957年，當時稱為高尚屋邨的「北角邨」廉租屋苑。前方是位於「西堤」海旁路的渡輪碼頭，約1983年。

位於英皇道的新麗池酒店，約1960年。酒店連同其泳池及夜總會，於1950及1960年代為港人的熱門消閒區。

新麗池酒店的游泳池及休憩台，約1960年。

由鰂魚涌現太古坊一帶東
望七姊妹泳棚區，約1915
年。左方的筲箕灣道於1930
年代易名為英皇道。

約1960年的鰂魚涌及康山一
帶，左前方的太古船塢現為太
古城所在，右前方為華蘭路及
現太古坊一帶。中左部的水塘
於1970年代初填平以興建南
豐新邨，其右方是太就、太
成、太隆及太興樓。中後部分
可見柏架山道。

約1960年的鰂魚涌太古船
塢（現太古城所在）。前
中部為公司的紅磚屋寫字
樓，其左是員工宿舍之太
樂、太祥、太順、太富樓以
及興建中之太康樓。中後方
為渣華道一帶，亦可見到北
角邨廉租屋。

110

筲箕灣愛秩序灣漁港的大小艇戶，約1958年。

愛秩序灣的載客遊河艇，1963年。

落成於1905年的筲箕灣譚公廟,約攝於1935年。

第貳章 九龍半島

TSIM SHA TSUI

1861年，英國根據〈北京條約〉接管現時界限街之南的英屬九龍地段。這地段最接近香港島的是早期又名為「香埗頭」及「九龍角」的尖沙咀。

1860年代，當局在尖沙咀闢築運兵的道路，包括麥當奴道（1909年易名為廣東道，下同）、依利近道（海防道），以及只抵達加士居道的羅便臣道（彌敦道）等。早期尖沙咀的城市規劃為軍營區及花園別墅區。

麥當奴道前身是一「青山綠水的海灘」，設有一座竹碼頭，1886年，「香港九龍碼頭貨倉」（九龍倉）在此落成，九龍倉早期的範圍，亦包括後來的九廣鐵路總站（現文化中心所在），以及部分的遮打街（北京道）之地段。

1898年經辦港九航線的天星小輪公司，九龍碼頭早期是位於九龍倉內現海洋中心前，1906年才遷往現址。

1928年8月，颱風後的尖沙咀天星碼頭廣場。可見多輛被木料壓著的巴士。前中部為第一代的公眾碼頭，右方部分九龍貨倉於1968年改建成星光行，兩者之間是現「五枝旗桿」的位置。

迄至1904年，尖沙咀規定只准歐美籍人士居住。禁令因九廣鐵路的興建而轉移至山頂。

20世紀初尖沙咀已為遊客區，一座龐大的人力車站，設於天星碼頭前的廣場。1909年已有巴士由此前往紅磡的黃埔船塢。

1910年九廣鐵路通車後，這一帶更為繁盛。

尖沙咀九龍倉全景，約1950年，可見五座稱為「橋」的碼頭。左下方是政府的「水師船塢」。而港島的正中部分是「六國飯店」及灣仔警署。（吳貴龍先生提供）

Cargo Junks — Hong Kong   NP 62

九龍倉前海段的運貨駁艇，1950年。亦可見三艘天星小輪，早期的天星碼頭亦位於此。

1916年，九龍倉建成一座長655英尺，可泊大型郵輪的「一號橋」（碼頭），1966年，改建成海運大廈。1969年8月，政府租出地段（現中港城所在）供九龍倉建成香港首座貨櫃碼頭，1972年才遷往葵涌。

現時的「五枝旗桿」所在，到了1960年代仍為九龍倉的入口處。旁邊的一座公眾碼頭，長時期為渡海泳的起點，1957年改建成新天星碼頭的左翼。

早期尖沙咀矚目的建築，為落成於1884年的新水警總部，以及位於其前方，一年後落成的時球台。岸邊亦有一供水警輪登岸及下水的滑道。其地標地位於1916年，被新落成的火車站及鐘樓所取代。

119

約1955年的九龍倉。右方的一號橋於1966年改建成海運大廈。正中的辦公樓於1970年代中改建為海洋中心。右後方最高的是位於金馬倫道口的電話大廈，1980年改建為匯豐大廈。

用竹竿繫一網兜，向軍艦或大洋船之人員討賞錢的「金梳 COME SHORE 妹」（艇家婦女），約1940年。

由尖沙咀望中環，1964年。遠洋貨船背後為興建中的第二代卜公碼頭，右方亦可見由南屏酒店正改建中的
國際（現中保集團）大廈。

時球台於1907年遷往現喜來登酒店背後，早期名為黑頭山的訊號山。一年後，有一列太古洋行的貨倉以及一座藍煙囪碼頭，在訊號山前端落成。於1970年代末，這組建築被改建為新世界中心及麗晶（洲際）酒店。

早期有一座小海灣位於中間道前。1905年，為興建九廣鐵路及開闢梳士巴利道，小海灣被填平。1925及1926年，西人青年會及半島酒店在此落成。而匯豐銀行的第一間分行，於1929年在半島酒店開立。

半島酒店旁現喜來登酒店的地段，1940至1950年代，曾舉辦多屆工展會。其北端有一座重慶市場，於1961年被改建成目前有「小聯合國」之稱的重慶大廈。

大廈對面現為「I Square」的前身凱悅酒店，於1964年落成時的名稱為總統酒店。同年6月，英國的「BEATLES披頭四」樂隊來港獻藝，便居於此。而樂隊的表演場地之樂宮戲院，所在現為美麗華酒店。五、六十年代，樂宮戲院設有廉價早場，上映由莎翁等的名著（如王子復仇記等）拍成的電影，供學生觀看。1970年代初，則作為台灣歌舞團的表演場地。

落成於1908年的藍煙囪碼頭及太古貨倉，攝於1969年。這一帶於1970年代末改建為新世界中心。右中部是被稱為「大包米」的訊號山。

124

約1973年的九廣鐵路總站，右方為梳士巴利道。柴油火車頭的左方為即將拆卸的太古貨倉。

第一代的美麗華酒店位於現美麗華大廈的地段，1950至1960年代，酒店內的萬壽宮酒樓夜總會，為氣派豪華的宴飲場所。

酒店北鄰有一座名為依利近山的山崗，1883年，皇家天文台在此設立後，依利近山易名為天文台山。其旁有一座落成於1906年的聖安德烈教堂。

這一帶的對面為約1870年闢建的威菲路軍營。軍營接近金馬倫道的部分，被稱為「摩羅兵房」，1896年，一座清真寺在兵房地段興建，於1984年重建落成。

1975年即將遷往紅磡的九廣鐵路總站。左下方為第二代公眾碼頭。右上方為正進行填海的尖沙咀東部。

在彌敦道與梳士巴利道交界舉辦之第十屆香港華資工業出品展覽會，1952年。右方為訊號山。

127

由梳士巴利道望第十七屆工展會場，1959年。背後可見興建中的遠東大廈，左方為半島酒店。

整座威菲路軍營於1960年代後期被改作九龍公園。公園內，以及外圍之彌敦道榕樹遮蓋之行人路，即現時之栢麗大道一帶，皆為情侶們儷影雙雙的鑄情和「拍拖」勝地。

附近的著名食肆，有位於離山林道口不遠開業於1957年的車厘哥夫餐廳，其多種款式的精美糖果及麵包，很受歡迎。

當時的山林道，有不少國語電影的導演及演員居住。

由彌敦道望麼地道，約1920年。右中部可見訊號山上的第二代時球台。

著名的中式食肆則有金冠及漢宮酒樓，兩者皆有夜
總會之設。其他老牌食肆為現仍在經營的天香樓及
鹿鳴春。

可筵開百席的酒樓夜總會有於1966年在海運大廈開
業的「海天」，以及1970年代末在新世界中心開業的
「海城」，不少著名歌星皆曾在此獻藝。

迄至1970年代，尖沙咀最「荒涼」的街道是廣東
道，一邊是以九龍倉為主的貨倉群及政府船塢，另一

約1950年的尖沙咀及油麻地東。正中是加士居道與柯士甸道間的槍會山軍營，其左是聖瑪利書院及玫瑰堂，其前方地段為現香港歷史博物館所在，部分地段上的漆咸軍營於1960年代曾用作霍亂樓宇居民的隔離營。漆咸營的前方為鐵路軌。圖片的左中部為天文台，右中部為京士柏。（吳貴龍先生提供）

端是山段及疏落的住宅。這地段發展為「海港城」及「中港城」後，隨著多座商廈及酒店落成，加上水警總部地貌的轉變，廣東道目前已成為中外遊客麕集的購物大道。其變化之速，只有港島銅鑼灣之羅素街，才可比擬。

1950年代，往尖沙咀的主要目的為乘搭火車及參觀工展會。當時在半島酒店及彌敦道一帶步行時，有置身歐美國家的感覺。

尖沙咀金巴利道的別墅式樓宇（現福臨門酒家所在），1950年。右方為同年闢建落成的天文台道。

第貳章
九龍半島

油麻地
YAU MA TEI

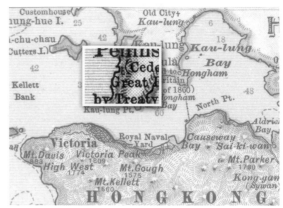

早期只有歐美人士才能居於尖沙咀,「華洋分隔線」是柯士甸道。換言之,華人只能在柯士甸道以南的油麻地區居住。

華人居住區的中心點是天后廟,以及其前方的榕樹頭廣場。而廣場之前是一座橫跨上海街,約興建於1870年的差館(警署),迄至1909年,上海街的名稱為差館街。

該差館於1925年6月改為巡理府(裁判署),直至「南九龍裁判署」1936年落成為止。差館於1958年7月被拆平,以貫通上海街。

20世紀初的上海街,又被稱為油麻地蘇杭街,因有不少綢緞布匹店,後來有很多出售金銀首飾的金舖,以迎合附近避風塘的艇戶,亦有金舖出售「朱義盛」的鍍金首飾者。

由柯士甸道向北望彌敦道，約1966年。左方為倫敦戲院，正中為落成於1952年的新樂酒店，其左方是著名的雪園飯店。

和平後，有更多金舖開設，尤以舊差館旁至甘肅街最密集，包括華生、永成、中和、萬盛等，還有一間現仍營業的百多年老店——和盛。

附近的廣東道則有多間玉器店，為著名的玉器市場。除了在店舖內，不少交易是在店舖外「騎樓底」的行人路上進行。最密集時段的人流，可用「針插不入」來形容。

飛越油麻地區的國泰航機，約1950年。前中部可見加士居道的南九龍裁判署（現勞資審裁處），其左方是彌敦道。左中部是油麻地避風塘及大角咀，其上端是深水埗軍營和東京街。左下方有十多座油庫的上端是佐敦道，與渡船角之間的九龍倉棉花倉（八文大廈所在）。右下方為京士柏區。（吳貴龍先生提供）

20世紀初，油麻地廟街與吳松街已為九龍的風月區，妓院林立，被稱為「麻埭花國」，與港島石塘咀的「塘西風月」，分庭抗禮。

1935年政府實行禁娼後，明娼轉為私娼，其「流風餘韻」現仍相承。

油麻地的地標式建築，還有分別落成於1902及1934年的普慶與平安戲院。現時為逸東酒店的普慶，曾經歷三度重建。1958年第二次重建落成時，戲院附有一「高華酒店」。戲院外牆面向彌敦道廣告位的耀目霓虹燈飾，遠至旺角亦可望見。

約1968年的油麻地。可見在渡船角九龍倉棉花倉原址興建的「八文大廈」。右下方為佐敦道碼頭和巴士總站，右上方為紅磡黃埔船塢。

佐敦道碼頭及文匯街，「八文大廈」之一的文景樓，1985年。（陳創楚先生提供）

135

由炮台街望佐敦道，約1963年。左方由龍如酒家至統一樓的地段前身為煤氣廠。一輛雙層巴士剛由上海街轉入佐敦道。

接近甘肅街的油麻地上海街，約1958年。右方可見位於219號的馮滿記繡莊。

由甘肅街南望廟街，約1955年。左方可見位於116號的東方餐廳。

由甘肅街北望廟街，約1966年。左方為廣智戲院。右方的舊樓稍後全被拆平。正中為設有中央郵局的九龍政府合署新大廈。

約1960年的油麻地榕樹頭天后廟。

普慶的地段於1902年開業時仍可望海，其南鄰有一開業於1930年的彌敦酒店，曾於1960年代末重建。

氣派一流落成於1934年的平安戲院不時與港島的皇后或娛樂聯線。1958年被拆卸改建平安大廈，拆卸期間意外倒塌，導致多人傷亡。

另一「名樓」為1952年落成的新樂酒店，開業初期頂樓設有一瞭望處，很多油麻地全景照片就是在此拍攝。最矚目的是加士居道的南九龍裁判署（現勞資審裁處），以及一座位於彌敦道與佐敦道

由榕樹頭廣場北望上海街，1985年。正中為位於眾坊街交界的一定好茶樓。（陳創楚先生提供）

間，被稱為「鬼屋」的別墅。該別墅於1974年被拆卸，興建現時裕華國貨所在的嘉賓大廈。

位於佐敦道碼頭與渡船街之間的「渡船角」九龍倉棉花倉，規模宏大。1958年10月曾發生大火。1960年代中，發展為包括「文英樓」的八幢住宅樓宇。

141

旺角、大角咀
MONG KOK & TAI KOK TSUI

1910年代，旺角的主要幹道，是從油麻地眾坊街至豉油街一帶的加冕道。加冕道於1920年代陸續填海加以延建，1920年代中與大埔道連接，同時被併入彌敦道。

當時彌敦道上的著名建築，有龐大的東方煙廠，以及九龍汽車有限公司（九巴）的辦公樓「始創行」和車房。

東方煙廠的地段是位於彌敦道、登打士街、豉油街和花園街之間，花園街是以該煙廠的花園而命名。位於花園街接近洗衣街處，有一專營洗熨軍警制服的偉林洗衣公司。

1949年，政府將煙廠地段分為二十幅公開拍賣。面向彌敦道的其中一幅，曾被經營「明園遊樂場」。遊樂場結束後，建成一座有龍華茶樓及中僑國貨公司的大樓，到了1970年代中，被改建為信和中心。這一帶的範圍內，於1950年代開闢了一條煙廠街。

彌敦道龍鳳茶樓，裝設於山東街一端的月餅宣傳畫，內容為諷刺樓、股、金的投機失敗者，1985年。

至於九巴之始創行的範圍，於1960及1970年代興建了麗聲及凱聲戲院，1990年代，再度改建為始創中心。

位於彌敦道與山東街之間，有一列間只有舖位的矮屋，於1955年被改建為瓊華酒樓夜總會，其耀目的燈飾及裝潢，令致這一帶成為新地標，被稱為「旺角的旺角」。不過，這一帶的山東街、奶路臣街及豉油街，路中心各有長逾一千呎的明渠，1956年起才開始改為暗渠。

143

豉油街北望上海街，約1980年。大押旁是山東街，山東街後現為「朗豪坊」。

當時旺角最高的建築物，是落成於1954年，位於彌敦道與亞皆老街交界，現惠豐中心所在的新旺角匯豐銀行，1968年，才再遷往前身為百老匯戲院的現址。

附近有多間戲院，包括老牌的東樂、旺角、彌敦、勝利，以及戰後興建的百老匯、域多利、百樂門，由勝利改建的麗斯，還有於1957年重建的新華等。

1950年代，九龍區的年宵市場，開設於旺角豉油街、西洋菜街、花園街及奶路臣街一帶。當時，這些街道是較僻靜者。

由西洋菜街望亞皆老街，約1964年。右方的廣東信託商業銀行一年後倒閉，引致擠提風潮。

由彌敦道望旺角道，攝於1953年6
月3日女皇加冕會景巡遊時。右方為
ABC愛皮西飯店。正中為上海街650
號的江寧茶樓。

1970年代，不少商店、食肆在這些街道上開設，帶
來大量人流。到了1975年，當局在花園街和通菜
街，設立小販認可區。

1957年，因由九龍城至大角咀的太子道，名稱被廣
泛使用，當局決定將「英皇子道」的原名廢棄。

同時，大角咀區介乎太子道、福全街、楓樹街、大角
咀道、塘尾道，以及1950年闢成的柳樹街和詩歌舞
街一帶，為一特殊區域，有不少小型工業、拆車場、
木場及千多間破爛寮屋，港督曾於1956年往巡視。

1955年，平房式廉租屋「葛量洪夫人新村」，在詩歌
舞街建成，1977年因興建高架道路而拆卸，所在現
為「頌賢花園」一帶。

147

由旺角道南望廣東道的市集，約1964年。後方可見一間位於1050號的正昌燒臘店。

亞皆老街中華電力公司大廈，1951年。

由砵蘭街北望基隆街的市集，約1964年。

Field ploughing near Kowloon.

長沙灣一帶的上李屋、李鄭屋村及蘇屋村，約1905年。背景為大埔道，青山道仍未開闢。

迄今20世紀1970年代，大角咀的最主要工業為黃埔船塢。船塢於1970年代中，發展為住宅樓宇「大同新邨」。

1907年起，當局將大角咀的鄉村加以發展並進行填海，主要村落福全鄉被改造為工業區。一條新闢成的「福全鄉大街」後來易名為福全街。

1930年代，大角咀為香港主要的工業區之一，1960至1970年代，開始遷往觀塘及葵涌等地。

1950年代，不少住宅樓在大角咀興建，曾有一「富貴大廈」，因「爛尾」（未能建築落成）而成為大新聞。

為配合不斷增加的人口，除老牌的好世界外，大世界、金冠、英京、麗華等多間戲院，在大角咀落成。1972年，山東街旺角渡海小輪碼頭遷往大角咀，於4月23日啟用。

1990年代中，油麻地小輪船公司的船廠及宿舍地段，亦發展為住宅屋邨的「港灣豪庭」。

SHAM SHUI PO

頻海的一段界限街,早期是分隔「英屬九龍」之大角咀,和「華界九龍」(新界)之深水埗的邊界。1898年英國租借新界之後,於海旁設一碼頭。1924年,碼頭遷往北河街與通州街之間。

深水埗,早期又名深水步,但以深水埔一名最為普遍,和平後才正名為深水埗。名稱是源於一座位於西角的深水埔村。1910年代,這一帶經歷移山填海後,開闢了現時桂林街、南昌街、海壇街一帶的地段。1913年,「深水埔西約公立醫局」在此設立,醫局街是以其命名者。這一帶對開的海面,有不少船排和船廠。

深水埗早期有北帝廟和天后廟。1890年代分別在界限街旁及汝州街,興建武(關)帝廟及三太子(哪吒)廟。當時的深水埗街市是設於武帝廟附近南昌街一帶。現時位於北河街的新街市,是落成於1918年。

南昌街為排泄九龍塘塘水出大海的引水道,原為明渠,1980年代才改為暗渠。

深水埗原有多座包括元州、鴨寮、黃竹、塘尾、窩仔及
奄由等古村。1910年代，當局在此移山填海，將新填地
段重新規劃，開闢街道，部分街道採用古村的名稱。規
模較大者，則為1918年開闢的荔枝角道。1925年，深水
埔警署在荔枝角道落成。

警署比鄰的軍營則於兩年後落成（部分地皮於1976年交
還給港府），所在現時為荔閣邨及荔安邨一帶。

深水埗的戲院有北河、皇宮及明聲。還有一間位於欽
州街與元州街之間，開業於1941年7月的「深水埗戲
院」。但於同年12月，日軍進侵九龍時被炸毀，成為香
港史上最「短命」的戲院。

附近的福華街與福榮街之間，於1960年代中，曾有一
「黃金戲院」，所在現為「黃金」及「高登」電腦商場。

這一帶的茶樓有：大南街的一定好，荔枝角道的大昌、
涎香、添丁、泉香及榮如，北河街的龍江，基隆街的信
興，汝州街的合發，南昌街的冠男和有男等。有男一直
經營至1990年代才結業。

深水埗街市所在的北河街，於戰後雲集糧油食品的商舖
和攤販，是街市的延伸。而位於醫局街至通州街接近碼
頭的一段，則為出售「斷當」（過期未贖）之故衣及珠寶
鐘錶店舖的集中地。

北河街旁的鴨寮街，1950年代有不少販賣舊物和雜架的
店舖，一如港島的摩羅街。稍後以收音機、無線電、唱
片及音響器材等為主，現時則為電腦和通訊器材。

鄰近的汝州街和黃竹街等，則有很多紗布疋頭店，與
「成行成市」的港島蘇杭街分庭抗禮。近年來，不少店舖
轉營為「出口貨辦成衣」，經營範圍亦延伸至長沙灣道。

1950年，以錢穆為院長的新亞書院，在桂林街61-65號
創校。1963年，該書院與崇基學院及聯合書院，合併為
「香港中文大學」。

石硤尾村早期又名石礆尾、礆石尾及峽石尾。二戰和平
後，有數百名菜農及苦力在此居住。1949年，當局飭令
旺角西洋菜街一帶的菜農，遷至石硤尾村及九龍塘村重
操故業。

石硤尾村稍後演變為寮屋及小型廠房區，人口密集，菜
田亦被改作寮屋區。

1950年，巴域街在此關成。

這一帶曾發生多次火災，最慘烈的一次是發生於1953年12月25日晚的聖誕夜。災場包括石硤尾村，白田上、中、下村，以及窩仔上下村，近六萬人失家園，當局興建六、七層高的徙置大廈以作安置。

石硤尾村鄰近，有一九龍仔村，村內有一條延伸至南昌街，將九龍塘的塘水引導流出海面之大水坑。

水坑旁有一朱古仔村，當局後來在此興建大坑東徙置大廈。

水坑另一端的大坑西村，於1957年發生大火，災場一帶後來興建廉租屋邨。

大埔道（左下）與呈祥道（右）交匯迴旋處，約1965年。背景為蘇屋邨。

CHEUNG SHA WAN &
LAI CHI KOK

英國於1899年接管新界後，開闢由九龍經長沙灣至新界的大埔道。又於1910年代初，創建了長沙灣至元朗的青山道。兩者位於新界的路段，約於1970年易名為大埔公路及青山公路。

長沙灣區有早期名為「客家村」的蘇屋村、李屋村、上李屋及長沙灣村等多座村落。

1910年代，再開闢荔枝角道，不過在戰前，由深水埗到荔枝角道，青山道是唯一的馬路，因荔枝角道只延伸至東京街。

和平後，蘇屋村已變為有二千居民的木屋區。1950年，這裡連同相鄰的李屋村，被大火焚毀，事後，當局決定將這一帶的木屋清除。

1954年10月2日，長沙灣村比鄰之李鄭屋村又發生大火，事後，當局在此連同附近部分上李屋的地段，興建十多座七層高的徙置大廈。1955年興建期間，一座漢代古墓在李鄭屋村被發現，當局將其保留，供市民參觀。

155

由大埔道望李鄭屋邨徙置區及長沙灣，約1965年。背後為港島的中西區。

1968年剛通車的荔枝角大橋，以及右方剛落成前身為油庫區的美孚新邨，右中部仍見五座油庫。大橋接駁之荔枝角道的右端為垃圾焚化爐，其後方有多間船廠。右上方是北河街與通州街交界的深水埗碼頭。

1957年，政府開始發展李鄭屋村附近蘇屋村、新圍村及上李屋一帶的地段，興建「蘇屋邨」廉租屋，首座的杜鵑樓於1960年落成。

長沙灣區的大埔道和青山道是往新界公路的起點，其熱鬧和人流與深水埗相比，毫不遜色。1951及1953年，仙樂及新舞台戲院，相繼落成。當時長沙灣已為香港的新工業區。

東京街、青山道及永隆街間對開之海面，有多家船廠及工場。1955年，當局決定在此填海以延長長沙灣道和荔枝角道。

1909年，荔枝角海灣舉行了最盛大的「賽鬥舢舨」活動，參加者有英軍及華人。1920年，荔枝角開設泳場。

1921年，美國「三達STANDARD石油公司」（後來的「美孚」），在荔枝角填海區的首批儲油庫落成。同年，九龍汽車有限公司開辦由尖沙咀至荔枝角的巴士路線。俟後，多間團體的泳棚在海灣畔設立，以方便泳者。

1948年，荔園遊樂場在油庫旁開幕，設有電影、劇場、水上舞廳等，還有數十項包括摩天輪、碰碰車等的機動遊戲，隨即成為熱門的遊樂消閒勝地。包括東華三院等之慈善團體不時在荔園舉行醮會及慈善大會，以籌募善款。1951及1953年，雞展會及農展會分別在荔園舉辦。

1970年代初，一座以中國宋代景致為賣點的「宋城」，在荔園旁落成，其仿古的裝飾及活動，是以吸引遊客為主。兩者皆於1997年結業。

1960年代初，美孚油庫逐漸遷往青衣，原址於1966年發展為住宅群的美孚新邨，由港督主持奠基。

當時，荔枝角已由一郊區鄉村，變身為九龍市區與新界之間的交通中轉站。連接荔枝角與葵涌的荔枝角大橋和葵涌道，於1968年10月29日通車。

荔園遊樂場內的宮殿式建築和九曲橋，約1966年。

荔園旁的「宋城」，正表演婚禮儀式。

159

紅磡、土瓜灣
HUNG HOM
TO KWA WAN

1863年，黃埔船塢在紅磡創辦。到了1883年，紅磡村至鶴園村的居民，大部分為黃埔船塢的職工及家屬。

1884年，紅磡發生大火，大部分紅磡區內的民居被燒毀。事後，當局進行重建，並規劃出多條新街道。同年，繼港島大坑之後，紅磡亦舉辦舞火龍。

1898年，青洲英坭廠由澳門遷至紅磡，而中華電力亦於1906年在鶴園興建新發電廠。電廠的地段於1990年代發展為住宅屋苑「海逸豪園」。

1909年，有一由尖沙咀碼頭至黃埔船塢的巴士線，這為港九最早的巴士服務。

1927年，紅磡大環灣一帶已發展為泳場區。

比鄰紅磡的土瓜灣區，名稱源自一形如「土瓜」的海心島，該島又名「土瓜灣島」，全

160

約1969年的紅磡，由差館里望機利士路南，正中是位於邠嘉街口的雲慶茶樓。背後是碼頭廣場和巴士站。（吳貴龍先生提供）

紅磡往中環的天星小輪碼頭，約1985年。（何其銳先生提供）

紅磡，約1969年。前方是漆咸道北；由左起的街道依次是：蕪湖街、寶其利街、曲街；右方的是郊嘉街。（吳貴龍先生提供）

島於戰前亦為一游泳區。島上的景點為魚尾石，以及名為海心廟的天后廟。

1931年，邵氏製片公司前身的「天一影片公司」攝影場，在土瓜灣的北帝街建設。而鄰近的馬頭角，於1935年建成三座煤氣鼓。1957年，佐敦道的煤氣鼓亦遷至此。

二戰和平後，鶴園與土瓜灣間有大量工廠，較著名的是北帝街之廣萬隆炮竹廠，而這一帶亦寮屋遍布。

1955年，港府接收若干幅原庇利船廠及中國航空公司的倉庫地段。隨即在此開闢合一道、榮

紅磡黃埔船塢，約1935年。可見兩艘在維修的巨型郵船。前方是蘇聯皇后號，左方是蘇格蘭皇后號。背後是大環山。（吳貴龍先生提供）

由馬頭涌道望馬頭圍道，約1969年。左下方是譚公道，左中是北帝街，右下方是農圃道，上中部是夏巴大廈。（吳貴龍先生提供）

由馬頭角道一帶南望九龍城道，約1969年。左中部的馬坑涌山後來被夷平，連同前方寮屋所在被開闢為土瓜灣運動場，崇新中學的前方是馬頭角道。（吳貴龍先生提供）

光街、啟明道、鴻福街、銀漢街及玉成街的六條新街道。

同時，港府又接收位於木廠街、炮仗街、九龍城道與馬頭角道之間，中央航空公司的倉庫。

此後，大量住宅樓宇及工廠在上述之船廠及倉庫地段興建，逐漸發展為自給自足的小市鎮。1958年，政府撥地十英畝，在馬頭涌區興建廉租屋馬頭圍邨，於1965年落成。

馬頭角區，約1969年。前方是煤氣廠及動物檢疫所（牛棚），其前方是馬頭角道。左方是九龍城道，右方是蟬聯街。背後可見大部分的啟德機場。（吳貴龍先生提供）

1954年，當局將位於上鄉道、馬頭角道、土瓜灣道與炮仗街之間的部分「馬坑涌山」夷平，並在前端填海，以延長貴州街及闢築包括新碼頭街，以及美景街等街道，並興建九龍城碼頭。

1956年，紅磡大環山開始移山填海，兩年後填海連接海心島的工程相繼展開。原為寮屋區的山谷道，亦興建廉租屋，於1964年落成。

165

由買炳達道望九龍城街市（正中），約1969年。街市前是衙前圍道，左方是衙前塱道（右方是侯王道，左上方是九龍城迴旋處。（吳貴龍先生提供）

1955年，灣仔「香港工業專門學校」紅磡新校舍，由港督葛量洪奠基，1957年11月13日啟用。該學校於1994年升格為「香港理工大學」。

在學校前端的新填地，於1963年起曾舉辦數屆工展會，直至1960年代末興建海底隧道為止。而由港島灣仔至紅磡的海底隧道，於1972年8月3日，正式開放通車。

1975年11月24日，由尖沙咀遷至紅磡的九廣鐵路新總站，正式啟用。

A Rockey Island in Kowloon Bay, Hongkong.

原名土瓜灣島的海心島，約1915年。1958年起之填海工程，該島與陸地相連之後，被改作海心公園。

九龍城迴旋處，約1969年。左中部是太子道西，A字形的建築是由太子酒店改建的「家歡樓」，中後方是啟德道口的「百好酒樓」。（吳貴龍先生提供）

168

九龍城、馬頭涌
KOWLOON CITY & MA TAU CHUNG

和平後的1947年,港府新訂的行政分區共有四區,計為:(一)香港島、(二)九龍(油、尖、旺及紅磡)、(三)新九龍、(四)新界。

至於新九龍的範圍則包括:九龍城、九龍塘、深水埗及荔枝角。

九龍城區的名稱源於清政府於1846年,在這區內築成的九龍寨城。

1884年9月,九龍城區有約二千名華兵駐守,以防法軍入侵。

當時有多間賭館在九龍城明目張膽地經營,但中國軍警置之不理。

租借新界的「展拓香港界址專條」,於1898年簽署後,數百英軍即乘四艘戰艦,於隔坑村的沙田頭(牛池灣)登陸九龍城區。但英軍竟違反專條中說明「容許中國官兵駐紮」的條款,將寨城內的中國官兵驅逐。

71

1927年的馬頭涌。正中可見一名在田中的農
婦。右方為宋王台所在的聖山，中部是馬坑
涌山，所在現為貴州街及新碼頭街一帶。

九龍寨城之城廓（牆），分有東、南、西、北四
門，南門及東門各有兩門古炮。寨城內有一座白鶴
山，又名雙鳳山。山上有一「叮咚石」，因用物擊
之有聲而得名。

寨城的中心點，有一座建成於道光丁未（1847年）
的協台衙署。衙署後來改作龍津義學，前面有一幅
書有「海濱鄒魯」四字之圍牆。

該一帶有一條由坊眾創建，落成於1873年，六十
丈長，六尺寬，直伸海邊，供中國官員登岸前往寨
城的龍津石橋。

寨城旁有一侯王古廟，廟側有約二丈高的鵝字石及
鶴字石各一，前者於日治時代被毀。有一條通往侯

聖山上的宋王台石，約1925年。這是較少見的一邊，可見左端的「宋臺」二字，寫法與常見的「宋王臺」字不同。

王廟之古道位於寨城的西南面，前端有一座書有「廟道」的牌坊。

位於鑽石山後的慈雲山上，有一座又名「慈廟」的觀音廟，在該處可俯瞰九龍全景。

另一矚目的景點為位於九龍城與馬頭涌之間，一座聖山上，開闢於宋代末年的宋王台。

上述各項名勝古蹟均為當時的熱門遊覽景點。不過大部分於淪陷時遭到破壞。和平後，只餘下衙署、侯王廟及慈廟。

不但聖山被夷平，宋王台石亦遭破壞，分裂為三塊。1956年，當局在馬頭涌道闢建宋皇台公園，放置被割細的宋王台石，並設一碑記，於1959年12月28日揭幕。

1910年代，九龍城蒲崗村內，有一園林水榭的曾富花園，園內有別墅、曾豐堂及一座廟宇式

10.

九龍寨城和白鶴山的城牆，約1925年。正中為一出入口。

的「五龍院」，院內有一座真武銅像。1936年東華醫院曾在此舉辦「萬善緣追薦大會」。花園亦於日治時代因擴建機場而遭破壞。真武銅像現時移置於灣仔石水渠街旁，隆安街之玉虛宮。

1914年，何啟及區德創立一「啟德營業有限公司」，在九龍城對開之九龍灣進行填海，於新填地上興建名為「啟德濱」的商住樓宇和貨倉。

到了1928年，政府購回連同樓宇的啟德濱地段，在這一帶興建啟德機場，於1932年啟用。

從白鶴山望九龍寨城，約1927年。可見寨城內的屋宇。背後為九龍灣畔的啟德濱之樓房。

約1935年的九龍城蒲崗村。正中為曾富花園內的曾豐堂，其左廟宇式建築是內有真武大帝像的「五龍院」皆落成於1924年。左方的地段現時是爵祿街所在。

173

約1950年的九龍城。右方是宋王台所在之
聖山的遺址,正中是清水灣道(太子道東)
與城南道間的西南木園(後來西南酒家所
在),左方為龍崗道。

和平後,為發展機場,當局興築伸出九龍灣之
新跑道。為配合此項工程,於1955年著手夷
平現馬頭圍邨,以及工人俱樂部所在的「平頂
山」、現九龍仔公園所在的「九龍仔山」,和若
干座小山坡。新跑道於1958年落成啟用後,由
衙前圍村至清水灣道九龍山(飛鵝山)腳,約
五百英畝的原機場用地,旋即發展為工業及住
宅區的新蒲崗。位於發鵝山腳與清水灣道間的
彩虹邨廉租屋,於1961年12月開始入伙。

1958年,在原平頂山範圍內的約十英畝之地
段,興建馬頭圍邨廉租屋,於1965年落成。

1950年,闢成侯王廟附近的延文禮士道及東
寶庭道。當時這一帶附近之地段,有包括「華
達」及「長城」等多間電影公司的片場。

174

1954年，啟德機場停機坪的送機者。左方旗桿前的小童是巨星李小龍。（吳貴龍先生提供）

約1975年的東頭村道。可見九龍寨城外圍的違章建築樓宇內的無牌牙醫和西醫。

至於「三不管」的九龍寨城內，為一特殊區域，裡面品流複雜，光怪陸離，妓寨、鴉片煙格、賭檔林立，狗肉檔與脫衣舞場比比皆是。1953年曾發生大火，事後，警方入內調查及警告。

寨城內外，全是不合規格而建成的樓宇和廠房，有大量未經註冊的無牌牙醫和西醫。

1987年1月14日，中英政府經外交接觸後，公布全面清拆九龍寨城，改闢為九龍寨城公園，使這片污煙瘴氣的「三不管」地帶，徹底改觀。

直到1959年，由太子酒店（衙前塱道旁），至連接官塘道的一段道路，仍名為清水灣道，稍後才改稱太子道。

九龍寨城全景，約1980年。前方是賈炳達道公園，背後是美東邨，右方是東正道。

約1964年的太子道東，當時仍未有天橋，機場客運大廈的後方可見剛落成的彩虹邨。左方迴旋處上端「百好酒樓」的樓宇將落成。

第貳章 九龍半島

觀塘、藍田及將軍澳
KWUN TONG，LAM TIN & TSEUNG KWAN O

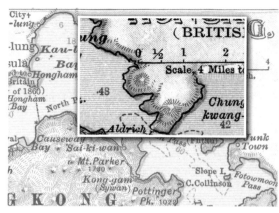

鯉魚門旁之茶果嶺，在戰前只為一條有人口五百的小鄉村。和平後，亞細亞火油公司由北角遷至此，之後較為興旺。

到了1951年，茶果嶺及鹹田（藍田）的填海工程完成，美孚及德士古公司在新填地上設置油庫，這一帶連同藍田的地段，於1990年代發展為住宅屋邨「麗港城」及「匯景花園」。

茶果嶺鄰近的另一古村牛頭角，於1920年代填海。1924年，淘化大同醬油罐頭廠由廈門遷至此。廠房及曬地於1960至1980年代，被改建為工業樓宇及屋苑淘大花園和商場。

牛頭角與茶果嶺間對開之海灣，由1930年代起被用作傾卸垃圾，一度稱為「垃圾灣」(Junk Bay)。

1947年，當局在牛頭角填海以開闢官塘道。

1952年，當局在牛頭角建「復華村」徙置區，以及在山腰段興建多列平民屋宇，以安置九龍區和這一帶的木屋居民。1950年代後期，牛頭角第一批七層徙置大廈落成。

1954年，當局決定將牛頭角闢作工業特區。

同年，政府亦決定在垃圾灣進行填海，以開闢官塘新工業區及住宅區，工程於1955年開始。首批工業地段於1957年開投，成交價為每呎二十元。

1960年，官塘已發展為一新城市，闢成了八條街道，第一批徙置大廈同時入伙。

1964年，官塘發展全部完成，有近二百間工廠，名稱亦由當時起改為「觀塘」。

將軍澳土名為船艇灣JUNK BAY，範圍是由鯉魚門至佛頭洲的田下灣，當中的海灣有土名為吊頸灣的調景灣（又名調景嶺灣及照景灣）、魷魚灣、鴨仔灣及將軍澳內灣。

鄉村有將軍澳村、魷魚灣村、坑口村及調景嶺村等。

1964年的牛頭角，在船廠改裝的是港澳渡輪「澳門號」。正中位於牛頭角道的「淘大工業村」現仍存在。（呂偉忠先生提供）

直至1990年代，調景嶺的英文名稱為
RENNIE＇S MILL VILLAGE，其起源是一位
RENNIE先生，於1905年在這裡創辦一間「香港
磨麵有限公司」（麵粉廠），規模宏大。惜於1908
年倒閉，深受打擊的RENNIE，在將軍澳一帶的
石礩灣，一艘小輪船上用繩繫頸，跳海自盡。

20世紀初，將軍澳已是游泳勝地，有小輪及電船
前往。1930年，政府亦在此開闢泳場。

觀塘瑞和街街市前的市集和攤販，約1972年。

184

約1962年的牛頭角、官塘及茶果嶺。左上方是牛頭角道的廉租屋「花園大廈」，後方中間部分是裕民坊，右下方油庫所在現為住宅屋苑「麗港城」。

1950年，政府將本來被安置於摩星嶺，由東華三院接收來自大陸，當中有不少原國民黨軍人的難民，安置在調景嶺。

1956年11月，由西貢至將軍澳坑口的寶琳路，正式開放通車。

1960年代起將軍澳已成為拆船中心。到了1970年代，不少長沙灣及牛頭角的造船廠陸續遷至此。

1983年，政府決定將將軍澳發展為一可容數十萬人，並設有工業村的新市鎮，於1984年正式動工。工程於1990年代初逐漸完成，大量住宅樓宇在此興建。

185

1988年雙十節日的調景嶺，正中為慕德中學。（何其銳先生提供）

調景嶺的雙十節景象，1988年。（何其銳先生提供）

調景嶺中學，1988年。（何其銳先生提供）

早年香港電車車票

香港電線車公司

三等客位伍仙

堅尼地城 至書信館

屈地街 至軍器局街

永樂街 至鵝頸

書信館 至銅鑼灣 或跑馬塲

軍器局街 至覓得波酒店

驚頸 至 新船澳

銅鑼灣 至筲箕灣

此票不得交給別人須照

本公司規條而行

約1904年
香港電線車公司三等五仙車票

Third Class Fare 5 Cts.

Hongkong Electric Tramways

Kennedy Town to Post Office.

Whitty St. to Arsenal St.

Wing Lok St. to Observa'n Pl.

Post Office to Causeway Bay or Race Course.

Arsenal St. to M'pole Hotel.

Observation Pl. to New Dock.

Causeway Bay to Shaukiwan

This Ticket is not transferable and is issued subject to the Bye-laws and Regulations of the Company.

On 6772

三等車士電仙五

香港電車局

上　下

筲箕灣　堅尼地城

銅鑼灣　筲箕灣

此票不得交給別人須照本公司條拔而行

約1908年
香港電車局三等五仙車票

Gj 3753

三等車士電三

香港電車局

上　下

些利問　堅尼地城

書信館　些利港

弍號差館　書信館

銅鑼灣　弍號差館

此票不得交給別人須照本公司條拔而行

約1910年
香港電車局三等三仙車票

188

Bd 7223

Third Class Fare 2 Cts.

ELECTRIC TRACTION
COMPANY OF HONG KONG.

Kennedy Tn. to Whitty St.

Whitty St. to Wing Lok St.

Wing Lok St to Post Office

Post Office to Arsenal

Arsenal St. to Observa'n Pl

Observation Pl. to C'way
Bay or Race Course.

C'way Bay to M'pole Htl.

M'pole Htl. to New Dock.

New Dock to Shaukiwan.

This ticket is not transferable and is issued subject to the Bye-laws and Regulations of the Company.

三等士車錢弍仙　香港電車局

堅尼地城至屈地街

屈地街至永樂街

永樂街至書信館

書信館至軍器局街

軍器局街至鵝頭

鵝頭至銅鑼灣或跑馬塲

銅鑼灣至覓得波酒店

覓得波酒店至新船澳

新船澳至筲箕灣

此票不得交給別人須照本公司規條而行

❽

約1910年
香港電車局三等二仙工人車票

香港仔街坊汽車有限公司

往香港

汽票車夜　6664

1st Class 30 Cents

約1925年
香港仔街坊汽車有限公司三仙「夜車票」

（車票由吳貴龍先生提供）

以下為車票上一些較特別的起終點站名：

❶ **些剌堪SAILORS' HOME海員之家**　所在現為西區警署（舊名為「七號差館」）。

❷ **書信館**　現時「華人行」所在的第二代郵政總局，及現環球大廈所在的第三代。

❸ **軍器局街**　即軍器廠街。

❹ **OBSERVATION POINT觀察角**　是指天樂里以西，灣仔道與軒尼詩道間的地段。

❺ **二號差館**　灣仔道與莊士敦道之間，接近菲林明道的警署，現中匯大廈所在。

❻ **鵝頸**　軒尼詩道與堅拿道交界的地段。

❼ **覓得波酒店METROPOLE HOTEL**　北角英皇道近糖水道，現新都城大廈一帶。

❽ **新船塢**　是指落成於1907年的太古船塢，現太古城所在。

百年歷史 再現眼前

鄭寶鴻

【百年香港】系列

Dining in Hong Kong over a Century
百年香港
中式飲食
修訂版

鄭寶鴻 編著

經緯文化

《百年香港中式飲食》修訂版 $128

百年滋味
無窮回味

收錄了過百張珍貴的古舊相片,最舊的相片更追溯至1890年,將香港百多年的飲食文化完全呈現,同時親身見證香港各大街小巷的變遷!

《百年香港分區圖賞》

作者：	鄭寶鴻
出版經理：	馮家偉
執行編輯：	Gary
美術設計：	Ali
出版：	經緯文化出版有限公司
	觀塘開源道55號開聯工業中心A座8樓25室
電話：	5116-9640
傳真：	3020-9564
電子郵件：	iglobe.book@gmail.com
網站：	www.iglobe.hk
港澳發行：	聯合新零售（香港）有限公司
電話：	852-2963-5300
台灣地區發行:	大風文創股份有限公司
電話：	886-2-2218-0701
國際書號：	978-988-75929-1-4
初版日期：	2015年1月
修訂版：	2022年5月
定價：	港幣148元　　台幣539元

iGLOBE PUBLISHING LTD.

Rm 25, 8/F, Blk A, Hoi Luen Industiral Ctr., 55 Hoi Yuen Rd., Kwun Tong, HK

PUBLISHED & PRINTED IN HONG KONG